ÉTUDES MONTAIGNISTES
24

Montaigne propriétaire foncier

Cet ouvrage a été publié pour la première fois en 1995 dans la collection *Études montaignistes* dirigée par Claude Blum.

Inventaire raisonné du *Terrier de Montaigne* conservé
à la Bibliothèque municipal de Bordeaux.

Agnès Marcetteau-Paul

Montaigne propriétaire foncier

PARIS
CLASSIQUES GARNIER

Agnès Marcetteau-Paul, archiviste paléographe, est directrice du musée Jules Verne de Nantes. Après avoir étudié les théâtres des foires Saint-Germain et Saint-Laurent au XVIIIe siècle, elle consacre ses travaux à l'œuvre de Jules Verne. Elle a, entre autres, dirigé l'ouvrage collectif de référence *Jules Verne écrivain* (Nantes, 2000). Elle est également la fondatrice de la revue *Planète Jules Verne*.

Réimpression de l'édition de Paris, 1995.

ISBN 978-2-406-14316-1 (livre broché)
ISBN 978-2-8124-5189-8 (livre relié)
ISSN 0986-492X

AVANT-PROPOS

Passionnante entreprise chaque jour redécouverte, l'exploration du vaste territoire de recherche, conservation et critique des témoignages offert par le patrimoine des bibliothèques publiques trouva, pour le jeune archiviste-paléographe et conservateur en stage à la Bibliothèque municipale de Bordeaux en 1983, une première et convaincante étape professionnelle avec l'inventaire raisonné du "Terrier de Montaigne". Nous nous réjouissons que sa publication permette de parfaire l'étude des origines familiales de Michel de Montaigne, et du processus d'ascension sociale et nobiliaire qui anime la famille Eyquem dans la période précédant immédiatement sa naissance. Nous espérons qu'elle permettra également d'intéressantes recherches sociales, onomastiques et toponymiques.

Que Monsieur Claude Blum, professeur à l'Université de Paris-IV Sorbonne et directeur de la collection des Etudes montaignistes, Monsieur Pierre Botineau, directeur de la Bibliothèque municipale de Bordeaux, et Monsieur Louis Desgraves, inspecteur général honoraire des bibliothèques, qui ont permis et accompagné la réalisation et la publication de ce travail, reçoivent ici l'expression de ma gratitude. Je remercie également Madame Hélène de Bellaigue, conservateur à la Bibliothèque municipale de Bordeaux, et sa collaboratrice Madame Marie-José Laroche, pour les vérifications qu'elles ont bien voulu effectuer à ma demande.

juin 1994

PRÉFACE

L'important document d'archives qui fait l'objet de cet ouvrage, est entré assez récemment dans les collections de la Bibliothèque municipale classée de Bordeaux. La décision d'achat qui fut prise à son endroit il y a un peu plus de dix ans, entre dans le cadre de la politique d'enrichissement systématique des fonds anciens, rares et précieux de la Bibliothèque ou, comme on dit maintenant, de ses fonds patrimoniaux, qui est suivie depuis de nombreuses décennies et qui a pour objectif premier de fortifier les spécialités de la Bibliothèque, notamment celles qui ont trait à Bordeaux et à l'Aquitaine.

Parmi ces dernières, l'une des plus développées est assurément celle qui se rapporte à Montaigne, auteur des *Essais*, traducteur de Raymond Sebond, éditeur de La Boétie et grand voyageur, mais aussi Bordelais, conseiller au Parlement de Bordeaux et maire de cette ville. Ce fonds de livres et de documents qui concerne

Montaigne, est probablement aujourd'hui le plus important de tous ceux qui existent de par le monde.

Il est certes une autre collection française de premier ordre, celle de la Bibliothèque nationale de France, grâce en particulier au fonds Payen, si précieux pour les montaignistes, mais il ne s'y trouve pas de pièce aussi remarquable que le Livre de raison ou, surtout, l'Exemplaire de Bordeaux. Les autres collections conservées dans notre pays, que ce soient par exemple celles de la Bibliothèque interuniversitaire de Bordeaux, des Bibliothèques municipales de Libourne ou de Périgueux, du Musée du Petit-Palais ou du Musée Condé, sont, à côté, d'importance secondaire.

Dans ce bref tour d'horizon, il conviendrait de tenir compte aussi des bibliothèques étrangères qui, s'agissant de Montaigne, possèdent parfois des fonds considérables, comme la Bibliothèque royale du Danemark ou les Bibliothèques de l'Université Harvard, ou des pièces exceptionnelles, comme la British Library ou le Musée Plantin. Il arrive aussi que l'on rencontre des ensembles importants dans des collections privées, en particulier en Angleterre et en France.

A Bordeaux, le fonds Montaigne a commencé à se constituer dès les origines de la Bibliothèque, au XVIIIe siècle. Il est fait de livres, bien entendu, mais aussi d'autres documents de toute nature, archives, estampes, médailles,... Il s'est créé et développé à partir de trois sources. Il y eut tout d'abord les confiscations de l'Etat, celles de la Révolution Française auxquelles on doit une partie très importante du fonds et en particulier l'Exemplaire, mais aussi celles qui ont été consécutives à la séparation de l'Eglise et de l'Etat. Dons et legs ont également contribué à enrichir le fonds mais ont été beaucoup moins nombreux que pour d'autres collections de la Bibliothèque.

Le troisième moyen utilisé est celui des achats dans les ventes publiques, chez les libraires d'ancien ou auprès de particuliers. C'est en vente que le Livre de raison a été acquis en 1951 ou, beaucoup plus récemment, en 1991, un exemplaire magnifiquement relié de l'édition de 1588 des *Essais*, légèrement annoté par l'auteur. C'est également ainsi que la Bibliothèque a pu faire entrer dans ses collections le terrier qui est étudié ici.

Cette acquisition a été rendue possible grâce à la volonté commune de la Ville de Bordeaux et de l'Etat qui ont uni leurs moyens, financiers en particulier mais pas seulement, pour y parvenir. Elle s'est faite à une date, 1982, où d'ailleurs l'Etat amplifiait considérablement l'aide qu'il apportait aux bibliothèques, dans ce domaine comme dans beaucoup d'autres. Depuis, au concours national est venu s'ajouter parfois l'aide des régions. C'est tout particulièrement le cas en Aquitaine.

C'est donc ainsi que la sauvegarde du patrimoine livresque et documentaire national, puis sa mise à la disposition de la communauté scientifique universelle, sont organisées aujourd'hui. Ce Terrier de Montaigne, son entrée dans une collection municipale et la première exploitation qui en est faite ici, me paraissent être une parfaite illustration de cette politique d'intérêt public. Formons le voeu que l'Etat et les collectivités territoriales continuent de la poursuivre activement dans l'avenir.

Bordeaux, le 23 décembre 1994

Pierre BOTINEAU
Conservateur général
de la Bibliothèque municipale
de Bordeaux

INTRODUCTION

La Bibliothèque municipale de Bordeaux, soucieuse d'enrichir son fonds concernant Michel de Montaigne et sa famille, a acheté le 30 septembre 1982 en vente publique à Cologne (République fédérale d'Allemagne) un recueil d'actes notariés passés par le notaire Pierre Perreau pour "noble homme Pierre Eyquem, escuyer, seigneur de Montaigne et de Belveyou"[1], le père de l'auteur des *Essais*.

L'histoire mal connue de ce document semble l'avoir tenu jusqu'à ce jour à l'écart des investigations des historiens de Montaigne, y compris le docteur Payen qui s'était donné pour tâche à la fin du siècle dernier de rassembler un maximum de documents concernant l'écrivain[2]. Il n'y a trace de ce recueil dans aucun des articles parus au sujet des découvertes du docteur, ni dans l'*Inventaire de la collection Payen* dressé par G. Richou après le dépôt de ses papiers à la Bibliothèque nationale.

---

1 C'est ainsi qu'il est désigné dans les actes.

2 Voir la bibliographie en fin d'introduction.

A l'heure où il reparaît dans le circuit public, nous apprenons seulement qu'il a appartenu en dernier lieu à un restaurateur de livres allemand, émigré aux Etats-Unis avant la dernière guerre, qui ignora toujours sa véritable nature et prenait le titre "Terrier de Montaigne" inscrit au dos du recueil pour le nom propre du notaire. Ce sont ses héritiers qui finalement le mirent en vente après l'avoir fait expertiser par *Venator, libraire-antiquaire*, Sankt Apernstrasse 56-62 (Cologne)[3].

Il s'agit exactement d'un ensemble de 101 feuillets de parchemin (36 x 25 cm environ), numérotés de 1 à 154 ultérieurement[4] et placés au XIXe siècle dans une demi-reliure en parchemin. Sur ces feuillets de grande dimension, les actes ont été portés au propre en une écriture bâtarde soignée et revêtus du seing manuel du

---

3 *Cf.* le catalogue de vente. Peu avant la publication de cet inventaire, Mme Hélène de Bellaigue, conservateur à la Bibliothèque municipale de Bordeaux, a constaté que le Terrier figurait sous le numéro 32 dans le *Catalogue de la Bibliothèque de feu M. Ernest Labadie...* (Bordeaux, Marcel Mounastre-Picamilh, 1918, p. 4), où il est décrit comme suit : "Montaigne. Terrier des maisons nobles de Montaigne et de Belbeys, de la Châtellenerie *(sic)* de Montravil, en Périgord. 1527-1558, in-fol., demi-parch. (Rel. moderne)". Ce maillon supplémentaire dans l'histoire du document est d'autant plus important qu'Ernest Labadie fut, comme on le sait, l'un des plus grands bibliophiles bordelais. Nous remercions M. Pierre Botineau, directeur de la Bibliothèque municipale de Bordeaux, et Mme Hélène de Bellaigue de nous avoir transmis cette information.

4 Manquent 53 feuillets, à savoir 1-4, 8-11, 41, 54, 58, 60-62 (1 f. non numéroté dans cette série), 75, 77, 82-84, 97-99, 105, 108-109, 111-112, 114-115, 121-127, 129-132, 134, 136-152.

notaire. Chaque acte est précédé d'un titre dans un module plus gros, avec des initiales ornées, libellé toujours dans des termes identiques : "Vestizon pour...". Les actes sont ensuite regroupés en fonction de la résidence des fermiers qui figure en lettres de grand format en tête. Des appels de plume — rapides dessins — surchargent certaines majuscules. Des mentions postérieures de travail dans les marges reprennent l'intitulé des fiefs.

RAPPEL HISTORIQUE[5]

C'est Ramon Eyquem (1402-1478), bisaïeul de Montaigne, gros marchand et bourgeois de Bordeaux originaire de Blanquefort, qui acheta, suivant acte de Dartigamala, notaire, en date du 10 octobre 1477, de Guilhaume Duboys, paroissien de Julhac, près de Gensac, les maisons nobles de Montaigne et de Belbeys (*sic*) en la châtellenie de Montravel, avec les vignes, bois, terres, prés et moulins y attenant, pour la somme de 900 francs bordelais[6].

La terre de Montaigne, située sur une hauteur entre la Dordogne et la Lidoire aux confins des départements

---

[5] Les renseignements concernant la constitution du patrimoine des Eyquem sont empruntés à Th. Malvezin et R. Trinquet (voir bibliographie).

[6] Voir Th. Malvezin, p. 39 et 234 ; acte de vente reproduit dans les *Archives historiques de la Gironde*, VIII, p. 547-553.

de la Gironde et de la Dordogne[7], était un arrière-fief de la baronnie périgourdine de Montravel qui faisait partie depuis 1300 de la mense épiscopale de Bordeaux. Les seigneurs de Montaigne faisaient donc hommage à l'archevêque de Bordeaux.

A la mort de Ramon Eyquem, le 11 juin 1478, ses deux fils Grimon et Pey, héritèrent également de ses biens et les gérèrent de concert jusqu'à la mort sans héritiers de Pey, qui laissa Grimon seul propriétaire de la terre noble de Montaigne et de l'affaire bordelaise.

Les projets nobiliaires de Ramon en achetant la terre noble de Montaigne semblent marquer un temps d'arrêt avec son fils. Ce délai s'explique en fait par le mode d'annoblissement choisi par les Eyquem, la prescription, sûr mais lent. Elle consistait en effet à se faire reconnaître noble par le voisinage, sur la base de la possession d'une terre noble. Mais cette condition nécessaire n'était pas suffisante. Il fallait encore le temps, qui permet l'oubli de la roture[8] ; et un style de vie noble (ne pas déroger, en n'exerçant aucune activité manuelle ni commerciale, en n'étant pas inscrit aux rôles des tailles ; et faire actes de noble, c'est-à-dire porter l'épée et aller aux guerres, participer aux assemblées de

---

7 Actuellement à l'écart de la route Castillon-Sainte-Foy (c.ne de Saint Michel et Bonnefare, c.on de Vélines, arr. de Bergerac, Dordogne).

8 On considérait que la gentillesse commençait "à la tierce ou quarte foi prêtée au suzerain". C'est en effet Michel de Montaigne, arrière-petit-fils de Ramon, qui abandonna le premier le patronyme d'Eyquem pour adopter le nom de la terre de Montaigne.

la noblesse et faire porter à sa femme des habits de demoiselle).

Tout ce dont Grimon ne pouvait s'acquitter. Il avait reçu une éducation bourgeoise[9]. Il importait de consolider la situation financière de la famille en développant le commerce. Il ne perdait pas pour autant de vue le dessein esquissé par son père. Aussi vendit-il son affaire à un de ses apprentis, le béarnais Peyrot de Brusselay, et se retira sur sa terre de Montaigne pour y finir sa vie, après avoir détaché sa famille de ses attaches mercantiles.

Mais surtout il avait compris qu'il revenait à ses enfants de franchir l'étape qui lui était restée interdite. Et dans une logique nobiliaire il avait particulièrement soigné l'éducation de son fils aîné, Pierre Eyquem, qui précisément nous intéresse. Il avait d'abord pris soin de le faire naître au château de Montaigne, le 20 septembre 1495. Ensuite le jeune garçon avait suivi des études à Paris et servi comme page dans une maison noble (sans doute les Durfort)[10]. Enfin le jeune homme avait reçu la consécration en participant aux guerres d'Italie dans une compagnie d'archers, où seuls les gentilhommes étaient admis.

C'est là que le surprit la mort de son père en 1518 ou 1519. Or celui-ci, si prévoyant, n'avait pas pris la

---

[9] Né en 1450, il avait largement atteint l'âge d'homme quand son père acquit la terre de Montaigne. Il était trop tard pour prendre des manières nobles.

[10] R. Trinquet explique pourquoi il faut finalement retenir cet itinéraire de P. Eyquem.

précaution de dresser un inventaire de ses biens : aussi ses héritiers furent-ils contestés dans la possession des biens de leurs père et mère. Pierre Eyquem dut revenir en deçà des Alpes pour prêter hommage à Jean de Foix, archevêque de Bordeaux[11], et s'associer à ses frères et sœurs pour adresser une supplique au pape Léon X qui chargea l'official de Bordeaux de trancher entre les parties[12].

Puis il repassa en Italie, après avoir affermé les revenus de sa terre : des difficultés financières de cette époque font penser qu'en son absence les sommes dues ne furent pas versées régulièrement[13].

Quand il rentre définitivement d'Italie[14], la situation n'est donc pas très nette. "Dans la maison noble de Montaigne — pauvre bâtisse et terres éparpillées — tout restait à faire... En l'espace de trente ans, son notaire [Pierre Perreau] passera pour lui deux cent cinquante actes, qui réalisaient, par des acquisitions et des échanges, un accroissement et surtout une meilleure distribution du domaine initial"[15].

---

11 Arch. dép. de la Gironde G 304, cité par Malvezin, p. 254.

12 Bibli. mun. de Bordeaux ms. 738, II, f. 38 ; cité par Malvezin, p. 254.

13 Pierre Eyquem dut vendre plusieurs de ses biens pendant son séjour en Italie.

14 R. Trinquet place ce retour en 1528, d'après la date du mariage de P. Eyquem. Mais on verra plus loin qu'au vu du présent recueil, il convient d'avancer la date de quelques mois.

15 R. Trinquet, auteur de ces lignes, s'appuie sur le ms. 739 de la Bibl. mun. de Bordeaux qui réunit des actes passés par P. Perreau pour P. Eyquem.

ANALYSE DU TERRIER DE MONTAIGNE

Le "Terrier de Montaigne" se place à ce moment. Il réunit 97 actes[16], passés entre 1527[17] et 1558, dont la plupart — 92 — sont des "vestizons".

Les fermiers[18] de Pierre Eyquem reconnaissent tenir en fief[19] tel ou tel bien, foncier ou immobilier, moyennant une rente annuelle, en espèces ou en nature[20], et "tiers d'acapates" de droit de mutation à tout changement de fermier ou de seigneur, à condition de ne sous-acenser ce bien à aucune communauté religieuse[21]. En échange, Pierre Eyquem s'engage à leur "faire avoir, tenir, user, joyr, esploicter et posseder comme de [leur] chose propre" leur fief, et à les défendre en justice.

La forme de ces actes est immuable. Aussi n'a-t-on retenu pour chacun d'eux que les éléments propres : nom(s) du ou des fermiers, fief(s), montant de la rente,

---

16 Il faut y ajouter 3 actes incomplets (f. 74, 120 et 133^{v}) qui n'ont pu faire l'objet d'une notice.

17 C'est cette date qui amène à avancer le retour de P. Eyquem en France.

18 Les actes emploient le terme "frematiers" qui a été transcrit fermiers.

19 Dans la langue juridique du Bordelais, le fief se confondait avec la censive (Brutails, *Cartulaire de... Saint-Seurin de Bordeaux*, p. lxxvi).

20 Payables à Noël pour les espèces, et à la Saint-Michel pour les paiements en nature.

21 Les communautés religieuses ne payaient pas de droits de mutation en tant que gens de mainmorte, d'où un manque à gagner pour le seigneur.

date, noms des deux témoins. On a joint à ces notices celle du "Fief nouveau pour Jehan Saler" (f. 135), qui n'a pas hérité de son fief, mais en dehors de cette circonstance prête le même hommage.

Il est intéressant d'examiner la répartition chronologique des "vestizons" :

1527	1 acte
1529	15 actes
1530	66 actes
1531	2 actes
1533	2 actes
1540	1 acte
1550	3 actes
1557	2 actes
1558	1 acte.

En dehors de la précision, déjà signalée, qu'ils apportent sur le retour de P. Eyquem, ils éclairent d'un jour neuf son action à Montaigne. L'écrasante prédominance des années 1529-1530 le montre pénétré de son rôle de propriétaire terrien, décidé à faire valoir ses droits au plus tôt. Au moment où il entreprend une opération de restructuration et d'agrandissement de ses terres, il entend mettre noir sur blanc ses droits seigneuriaux.

La bonne administration de P. Eyquem nous vaut aujourd'hui une véritable photographie de son domaine au moment où il le prend en main, grâce à la précision quasi cadastrale des actes, qu'il n'a pas été possible de relever dans les notices. Chaque pièce de terre est située par son nom, mais aussi par rapport à ses confrontations ou propriétés attenantes. D'acte en acte se dessinent ainsi des ensembles homogènes qui permettraient sans doute de dresser des plans.

L'intérêt de ces actes dépasse la seule famille Eyquem pour toucher celles de ses fermiers : d'importants groupes familiaux et leurs liens apparaissent au travers des actes.

Le recueil permet aussi une étude de la seigneurie en Gascogne dans la première moitié du XVIe siècle, c'est-à-dire à une époque où l'évolution économique et sociale impose bien des transformations. Ce large échantillon d'hommages procure une vision de la structure des domaines, des droits respectifs du seigneur, propriétaire direct, et du fermier, propriétaire réel[22]. Il fournira une échelle des rentes.

Enfin le philologue trouvera un large champ d'investigations dans les toponymes et les patronymes, dont on a scrupuleusement respecté l'orthographe, même quand elle était diverse[23].

Reste à replacer ce recueil dans l'ensemble déjà possédé par la Bibliothèque municipale. Les liens chronologiques avec le manuscrit 739 et une partie du

---

[22] La revue massive de ses droits par P. Eyquem était l'occasion idéale pour adapter le droit aux situations. Voir les conversions de rente, de proportionnelle à fixe (not. XVI par ex.).

[23] Ce qui explique des différences d'orthographe à l'intérieur d'une même notice.

manuscrit 738 (II) sont évidents. Des liens organiques paraissent plus aléatoires après une première investigation. Si beaucoup de noms se retrouvent dans les trois manuscrits, il s'agit surtout de témoins qui n'apparaissent à aucun autre titre. Les deux personnes les plus fréquemment rencontrées à cet égard sont Pierre Pascault et Peyrot Bernier. Il semble que Pierre Eyquem avait coutume de recourir à leur garantie. Mais quand les parties elles-mêmes apparaissent dans différents recueils, c'est pour des affaires différentes, à une exception près[24].

L'échange de deux parcelles de terre contenant chacune deux journaux, situées à Montravel et à Saint-Michel-de-Montaigne, entre Pierre Eyquem et Guilhamete Dubas, mentionné dans l'acte de vestizon qu'en fait P. Eyquem aux frères Dumas (f. 18-not. X) se trouve au feuillet 5^v du manuscrit 739. Mais cette exception confirme en quelque sorte la règle. En effet les fermiers n'ont aucune part à l'acte du manuscrit 739 ; celui-ci réunit des actes passés par P. Eyquem avec des égaux alors que le "Terrier" est un catalogue des servitudes dont il dispose. Les groupes sociaux sont nettement séparés.

S'il est évident que le Terrier enrichit la connaissance du patrimoine des Eyquem, les différents

---

[24] Du moins après un sondage rapide, que des recherches plus poussées pourraient amener à réviser.

manuscrits doivent être employés complémentairement plus que concurremment.

Quatre actes, de nature différente, figurent aussi dans le recueil. On en a donné une analyse propre à la suite des "vestizons". Deux (f. 33 et 104) sont des règlements de litiges entre P. Eyquem et certains de ses fermiers avant l'investiture. Le troisième est un croissement de rente à la suite d'un prêt accordé à un de ses fermiers.

Le quatrième (f. 35^{v}) a bien été passé par Pierre Perreau, mais pour Jehanne Eyquem et non pour son frère. Elle résidait chez lui depuis son veuvage et avait déjà fait son testament devant le notaire Perreau le 19 février 1549[25]. On peut penser qu'habitué à traiter les affaires de la sœur avec celles du frère, Perreau a transcrit l'acte de vente au dos d'un des actes qu'il conservait pour Pierre Eyquem.

Bordeaux
juin 1983

---

25 Malvezin, p. 271.

RÉFÉRENCES

Manuscrits de la Bibliothèque municipale de Bordeaux :

738 (II) - Titres de la maison de Montaigne.

739 - Recueil d'actes passés par Pierre Perreau, notaire royal à Saint-Michel, pour Pierre Eyquem, écuyer, seigneur de Montaigne et de Belveyou.

Bibliographie :

Archives historiques du département de la Gironde, Paris, 1859-1932, 58 vol. 8°.

BONNEFON (Paul), *Montaigne, l'homme et l'œuvre*, Bordeaux et Paris, 1893.

BRUTAILS (Jean-Auguste), *Cartulaire de l'église collégiale de Saint-Seurin de Bordeaux*, Bordeaux, 1897.

DOUCET (René), *Les Institutions de la France au XVIe siècle*, tome II, Paris, 1948.

HUPPERT (George), *Bourgeois et gentilshommes. La Réussite sociale en France au XVIe siècle*, Paris, 1983 (Nouvelle Bibliothèque scientifique).

MALVEZIN (Théophile de), *Michel de Montaigne, son origine, sa famille*, Bordeaux, 1875.

PAYEN (le docteur Jean-François), nombreux articles parus à l'occasion de ses découvertes et *Inventaire de la collection Payen à la Bibliothèque nationale* par Gabriel RICHOU, Bordeaux, 1877.

TRINQUET (Roger), *La Jeunesse de Montaigne. Ses origines familiales, son enfance, ses études*, Paris, 1972.

NOTICES

Chaque notice se présente sous la forme suivante :

- Fermier(s)
- Fief(s)
- Rente(s)
- Date
- Témoins.

On a gardé le plan topographique du recueil : les actes étaient regroupés en fonction du domicile des fermiers. Afin de ne pas alourdir les notices, on n'a pas répété le domicile dans chaque notice et on donne ici un plan général qui permettra de s'y retrouver.

F. 5/35	paroisse de Montravel
F. 36/54	paroisse de Montcaret
F. 55/59	paroisse de Vélines
F. ?	paroisse de Saint-Avit-de-Fumadières
F. 63/81	paroisse de Nastringues
F. 85/106	paroisse du Breuilh

En raison des nombreuses lacunes de la fin du recueil, un tel plan d'ensemble ne peut être conservé et on donne le domicile pour les notices LXXXI à XCVI.

Les dates ont toutes été rétablies selon le nouveau style. Les mesures sont celles appliquées à Montravel et dans sa juridiction à l'époque. L'orthographe des noms propres est celle relevée dans les notices.

I - f. 5

Fermier :	Jehan de la Coste le jeune
Fief :	moitié d'une pièce de terre plantée en vigne à Montravel, lieu-dit *au clan d'Ourgueilh.*
Rente :	7,5 ardis tournois
Date :	25 octobre 1529
Témoins :	Martial Fourmes, Hélies du Pin, clerc — habitants de Montravel.

II - f. 6

Fermier :	Gabriel Rochier, prêtre.
Fief :	verger clos de murs à Montravel.

Rente : 5 sous tournois

Date : 9 novembre 1527

Témoins : maître Françoys du Lair, lieutenant et protonotaire, habitant à Bordeaux.
messire Anthoine Nogeret, prêtre habitant à Montravel.

III - f. 7

Fermier : Pey Odonnes, pour lui et comme représentant de Françoys Odonnes, prêtre, son frère.

Fief : une maison (étable, jardin et petit jardin) à Montravel.

Rente : 15 deniers tournois

Date : 25 octobre 1529

Témoins : Jehanyrot Anthony
Anthony Clemens

IV - f. 12

Fermiers : maître Anthoine Rochier, notaire royal à Montravel.
Amanyeu Benoist, habitant à Montcaret.

Fiefs : 1) ensemble, une pièce de vigne à Montravel, lieu-dit *à Peypie.*
2) Rochier seul, 3 petites pièces de vigne à Montravel, lieu-dit *au clan d'Ourgueilh.*

Rentes : 1) 15 deniers tournois
2) 1/8 des fruits et 4 deniers tournois

Date : 17 novembre 1529

Témoins : messire Gabriel Rochier, prêtre, curé de Clarinies.
messire Jehan Fruchelaterre, prêtre.

V - f. 13

Fermier : Anthony Bernard

Fiefs : 1) un petit jardin à Montravel
2) une pièce de vigne à Montravel, lieu-dit *au clan d'Ourgueilh* ("contenant la journee de troys hommes").

Rentes : 1) 2 sous tournois
2) 13 deniers tournois et obole

Date : 17 novembre 1529

Témoins : maîtres Anthoine et Gabriel Rochiers.

VI - f. 14

Fermier : Jehannot Doulcet

Fief : maison et jardin à Montravel

Rente : 7 sous tournois

Date : 24 novembre 1529

Témoins : Jehan Carrier
Jehan Brun dit le Marcat

VII - f. 15

Fermier : Ysard de Saleneufve

Fief : une pièce de pré à Montravel, lieu-dit *à Celles*, près de *las Planques*.

Rente : 3 sous 9 deniers tournois

Date : 26 novembre 1529

Témoins : Guilhon Benoist
Jehan du Mazel dit Bicot, habitant à Montravel.

VIII - f. 16

Fermiers : Jehanot
Jehan
Héliot
] Dumas, frères, fils de feu Léounard Dumas.

Fiefs : 1) une pièce de terre en labourage, à Montcaret, lieu-dit *à la Canelle.*
2) un journal de terre, à Montravel, lieu-dit *à Celles.*

Rente : 2 sous tournois payables à Pâques.

Date : 14 février 1530

Témoins : Peyrot Bernier
Pierre Pascault

IX - f. 17

Fermiers : Jehan Dumas, fils de Helies Dumas et Andrine Grogueilh, dont il a procuration, pour lui et comme représentant de Guilhem Dumas, son frère.

Fiefs : 1) une pièce de terre plantée en vigne à Montcaret, lieu-dit *à Font-Saint-Pey.*
2) une autre pièce plantée en vigne à Montcaret, lieu-dit *à Fourigault.*

3) une pièce de terre en labourage à Montravel, lieu-dit *au Maynot*.

Rente : 2 sous tournois payables à Pâques

Date : 22 février 1530

Témoins : Estienne du Terrailh, habitant de Julhac.
Guilhem Borie, habitant de Montravel.

X - f. 18

Fermiers : Jehannot Dumas, pour lui et comme représentant de Heliot et Jehan Dumas, ses frères.

Fief : environ 2 journaux de terre en labourage à Montravel.

Rente : 2 boisseaux de froment
6 deniers tournois
1 géline

Date : 2 mars 1529

Témoins : Jehan Chaigneau
Jehan Brun dit le Marcat

Pièce jointe : ratification du 24 février 1530, par Heliot et Jehan Dumas, en présence de Peyrot Bernier et Peyrot Pasquault.

XI - f. 19

Fermier : Gailhard German

Fief : une pièce de pré à Montcaret, lieu-dit *à la Vagnat.*

Rente : 15 deniers tournois

Date : 22 février 1530

Témoins : Guilhem Borie
Jehan du Mayel

XII - f. 20

Fermier : messire Jehan Martin, prêtre.

Fief : jardin clos de murs à Montravel.

Rente : 2 sous tournois

Date : 23 février 1530

Témoins : Jehan Prieur, seigneur de Pitraix.
Jehannot Saleneufve

XIII - f. 21

Fermier : Heliot de la Coste dit le Sourt, représenté par Bernard de la Coste, son fils.

Fief : une pièce de terre plantée en vigne à Montravel, lieu-dit *au clan d'Ourgueilh.*

Rente : 9 deniers tournois et maille

Date : 24 février 1530

Témoins : Jehan du Pin
Heliot de Lalande

XIV - f. 22

Fermier : Anthony Borie, représenté par Marguerite Rochier, veuve de Jehan Borie dit Monseigneur, sa mère et "légitime administreresse".

Fief : jardin clos de murs à Montravel.

Rente : 2 sous tournois

Date : 27 février 1530

Témoins : Ysarn et Bertrand de Saleneufve, pére et fils, habitant à Montravel.

XV - f. 23

Fermier : Nycot Bellet

Fief : maison et jardin à Montravel.

Rente : 5 sous 6 deniers tournois

Date : 27 février 1530

Témoins : Anthony Clemens
Thomas Gaignard

XVI - f. 24

Fermiers : Jehan Belletz dit Pantouquet et Jehanne Belletz, veuve de feu Peyrot Poulliez.

Fiefs :
1) une petite pièce de terre plantée en vigne à Montravel, lieu-dit *au clan d'Ourgueilh.*
2) une pièce de terre au même endroit.
3) Jehanne Belletz seule, une maison près de Montravel, lieu-dit *à Pepie.*

Rentes :
1) et 2) Jehan Belletz : 8 deniers tournois et maille Jehanne Belletz : 4 deniers tournois et maille
\+ 1/8 des fruits, converti en 1/2 boisseau de froment.
3) 12 deniers tournois

Date : 25 février 1530

Témoins : Micheau Thibauld, Thomas Gaignard] habitants de Montravel.

XVII - f. 25

Fermiers : • Sybard Anthonye] Ferminetz, pour eux et comme représentants

• de Jehannycot Anne] Ferminetz, leurs frère et sœur

Fief : maison et jardin près de Montravel, lieu-dit *à Pepie*.

Rente : 3 sous 6 deniers tournois

Date : 27 février 1530

Témoins : Guilhem Olivier, Anthony Clemens] habitants de Montcaret.

XVIII - f. 26

Fermiers : Ysard / Bertrand] de Saleneufve, père et fils.

Pierre de la Coste, fils de feu Lyonnet de la Coste.

Fiefs :

1) Ysard et Bertrand de Saleneufve, une petite pièce de terre contenant 28 carreaux de journal à Montravel, lieu-dit *au clan d'Ourgueilh.*
2) Pierre et Margot de la Coste, une petite pièce de terre et vigne contenant 1/2 journal de terre et 1/2 quart, au même endroit.

Rentes :

1) 1 denier tournois
2) 2 deniers tournois

\+ 1/8 des fruits, converti en 1/2 boisseau par journal (soit 3 picotins et 3/4 de picotin de froment pour les Saleneufve, et un quart et 2 picotins de froment pour Pierre de la Coste).

Date : 27 février 1530

Témoins : Anthony, Clemens, Guilhem, Olivier — habitants de Montcaret.

XIX - f. 27

Fermiers : Micheau Thibauld et ses consorts :

- Gailhard Thibeaud, son frère
- Agnete, Helionne, Catherine, Charles — Thibauldz, ses neveux, enfants de feu Hélies Thibauld, son frère.
- Fennecte, Agnete — JehannetteThibauldz, ses nièces, filles de Jehannot Thibauld, son feu frère.
- Thomas Gaignard, pour lui et "au nom comme mary et conjoincte personne" de Helionne Thibauld, sa femme.
- Anthony Clemens, pour lui et comme représentant de Jehanyn et Robert Neyratz, fils de feu Jehan Neyrat.

Fiefs :

1) une pièce de terre et vigne à Montravel, lieu-dit *au clan d'Ourgueilh.*
2) Micheau Thibauld seul, une pièce de pré à Montcaret, lieu-dit *à la Vagat* ; une autre pièce de terre *à las Planques.*

Rentes : 1) 1/8 des fruits converti en rente fixe :
Thomas Gaignard et Helionne Thibauld, sa femme : 4 deniers tournois
Anthony Clemens : 1 denier tournois
Micheau : ?
+ 1/2 boisseau par journal, "cothité par cothité de ce que chacun tiendra".
2) 2 sous 3 deniers tournois et maille

Date : 27 février 1530

Témoins : Guilhem et Janines Oliviers, habitants de Montcaret.

XX - f. 28

Fermier : Leounard de la Coste, homme d'armes.

Fief : une pièce de terre en labourage à Montravel, lieu-dit *à la Garde*.

Rente : 2 sous 6 deniers tournois

Date : 28 février 1530

Témoins : messire Jehan Fruchelaterre, prêtre.
Pierre Pasquault

XXI - f. 29

Fermier :	Robert Soullard, cordonnier.
Fief :	1/4 de journal en labourage à Montravel, lieu-dit *au clan d'Ourgueilh.*
Rente :	1 denier tournois 1/2 boisseau de froment
Date :	2 mars 1530
Témoins :	messire Jehan Fruchelaterre, prêtre. Pierre Pasquault

XXII - f. 30

Fermier :	Magdellayne Carriere, "de l'autorité de Janmet du Tangra, son mari", habitant au marcadil de Montravel.
Fief :	maison et jardin à Montravel.
Rente :	13 deniers tournois
Date :	31 mai 1530
Témoins :	maître Helies des Champs Gailhard Bernard] notaires royaux.

XXIII - f. 31

Fermiers : Leounard Amourauld, pour lui et comme repésentant de Nyonthon Admourauld, son frère.

Fief : un petit jardin contenant environ 2,5 carreaux de terre au "marcadilh" de Montravel.

Rente : 5 deniers tournois

Date : 16 juin 1530

Témoins : Peyrot de Laige, habitant à Montravel.
Jehan de Lassaignes, maçon, habitant à Montcaret.

XXIV - f. 32

Fermier : Charlot Rochier, pour lui et "comme père et légitime administrateur" de
Jehan
Gabriel
Marguerite] Rochier, ses enfants et ceux de feue Courtoise Beauvillain.

Fief : 1/2 journal et 1/2 quart de terre et vigne à Montcaret, village de *Beauvillain*.

Rente : 17 deniers tournois

Date : 13 octobre 1530

Témoins : messire Pierre Gourgueilh, prêtre.
Pierre Pasquault

XXV - f. 34

Fermier : maître Pierre Benoist, bachelier en droit.

Fiefs :
1) un jardin à Montravel.
2) une pièce de terre en bois à Montravel, lieu-dit *au Vivier*.

Rentes :
1) 7 sous 6 deniers tournois
2) 12 deniers tournois

Date : 11 avril 1540

Témoins : maître Pierre Delage, habitant à Montravel.
Jehan Chaigneau, habitant à Saint-Michel-de-Montaigne.

XXVI - f. 35

Fermiers : maître Jehan Boyreau, praticien en courtage, et Bertrande Durand, sa femme.

Fief : maison, basse-cour et jardin dans les faubourgs de Montravel.

Rente : 15 sous tournois

Date : 20 juin 1530

Témoins : maître Raymond Eyquem, seigneur de Bussaguet, avocat au parlement de Bordeaux.
messire Pierre Gourgueilh, prêtre.

XXVII - f. 36

Fermiers :
- Jehan du Pin
- Helies du Pin, clerc, pour lui et comme représentant de Leounard du Pin, son neveu.
- Arnault, Héliot] Chaputz, pour eux et comme représentants de
- messire Anthoine, prêtre, Joachin] frères d'Heliot
- Huget, Ramounet] Chaputz, leurs oncles.

Fief : une pièce de terre en labourage à Montcaret, lieu-dit *à la Dodie*.

Rente : 2 boisseaux de froment
2 boisseaux d'avoine
5 sous tournois
2 gélines

Date : 25 octobre 1529

Témoins :	Ysaron de Saleneufve Jehan de la Coste	habitants de Montravel.

XXVIII - f. 37

Fermier : Perrin Beauvillem

Fief :
1) maison, jardin et "aisines" à Montcaret, lieu-dit *à la Garde*.
2) 1/2 pièce de terre en labourage à Montcaret.

Rentes :
1) 1/3 d'un quart de froment
   4 deniers tournois
   1/3 d'une géline
2) 4 sous 6 deniers tournois

Date : 28 octobre 1529

Témoins : Huguet Eyssouvel, habitant à La Mothe.
Pierre Nignon dit Rodige, habitant à Montravel.

XXIX - f. 38

Fermiers :	• Guilhem Peyrot Symonnet	Nygnons

- Marsault Texendier, comme oncle et légitime administrateur de

Arnaud et Ysabeau	Texendiers, enfants de feu Pierre Texendier, son frère, dit Ponthon et de Mariothe Matellot.

Fief : une pièce de terre et vigne à Montravel, lieu-dit *au clan d'Ourgueilh.*

Rente : 1/8 des fruits
Guilhem Nignon : 3 deniers tournois
Symonnet Nignon : 1 denier tournois et mailhe
Peyrot Nignon : 1 denier tournois
Marsault Texendier : 1 denier tournois

Date : 8 novembre 1529

Témoins : Sybard Ferminet
Pierre Rossigneul

XXX - f. 39

Fermiers :

Guilhem Amanyeu	Benoist, pour eux et comme représentants de
Bernard Guilhaume	Benoist, leurs frères.

Fief : une pièce de terre en labourage à Montcaret.

Rente : 5 sous tournois

Date : 11 novembre 1529

Témoins : Peyrot Chaigneau
Jehan Phelip

XXXI - f. 40

Fermiers :
- Leounard Bernard, au nom de :
  Pierre, Françoys, Jehan, Nandyn, l'autre Jehan dit Granet, Pey, Pierre, Guilhaume, Micheau — Bernardz, ses cousins et neveux.
- Guilhem Bernard, au nom de :
  Giron, Mondon, Anthony — Bernardz, ses frères
  Jehan, Leonnet — Bernardz, ses cousins.
  Anthony Bernard. Bernard.

Fief : une pièce de pré à *la Mothe de Grana*

Rente : 6 sous tournois

Date : 17 novembre 1529

Témoins : maîtres [Anthoine / Gabriel] Rochier

XXXII - f. 42

Fermiers : Leounard Clemens
Jehan Mayel dit Bicot, au nom de Bertrande Clemens, sa mère, et comme tuteur de :
Guilhem, Heliot] Clemens, enfants de feu Perrot Clemens.

Fiefs : 1) une pièce de terre et bois à Montravel, lieu-dit *au Vivier.*
2) 2 journaux 3/4 de terre en labourage à Montravel, lieu-dit *au clan d'Ourgueilh.*

Rentes : 1) 12 deniers tournois
2) 5 sous tournois
1/8 des fruits

Date : 14 mars 1530

Témoins : Françoys Fraysse, habitant à Nasteringues.
Robert Soullard, cordonnier, habitant à Montravel.

XXXIII - f. 43

Fermier : Jehan Borie dit Dindan.

Fief : un journal de terre en labourage à Montcaret, lieu-dit *à la Dodie*.

Rente : 1/2 quart de froment

Date : 22 février 1530

Témoins : Guilhem Borie, Marceau, Thibault] habitants de Montcaret.

XXXIV - f. 44

Fermier : Heliot Guilhorin

Fief : une pièce de pré à Montcaret, lieu-dit *au pré de Lyvagnat*.

Rente : 3 deniers tournois et maille

Date : 22 février 1530

Témoins : Jehan du Mayel dit Bicot, Guilhem Borie] habitants de Montcaret.

XXXV - f. 45

Fermier : Guilhem Borie

Fief : une pièce de pré à Montcaret, lieu-dit *le pré de las Planques.*

Rente : 7 deniers tournois et maille

Date : 22 février 1530
Témoins : Jehan Mayel dit Bicot
Heliot Guilhem

XXXVI - f. 46

Fermiers : Jehan du Pin, pour lui et Françoyse Beneyl, sa femme.

Fief : 2 journaux de terre en labourage à Montcaret, lieu-dit *à Manbonoguet.*

Rente : 3 sous tournois
1/2 boisseau de froment

Date : 24 février 1530

Témoins : Jehan Phelip, Grymond, Chignac] habitants de Saint-Michel-de-Montaigne.

XXXVII - f. 47

Fermier : • Heliot de Lalande
• Peyrot] De Lalande, ses frères
Anthony] paternels et
Clemens comme représentant de :
• Guilhem de Lalande, leur frère.
Pierre] de Lalande, leurs
Marsault] neveux.

Fief : une pièce de pré à Montcaret, lieu-dit *à la Pradasque*.

Rente : 2 sous 6 deniers tournois

Date : 24 février 1530

Témoins : Jehan du Pin, habitant à Montcaret.
Françoys Phelip dit Gros, habitant à Saint-Michel-de-Montaigne.

XXXVIII - f. 48

Fermier : Guilhem Olivier

Fief : 1/4 du village de *Chosine alias de Leyle* à Montcaret.

Rente : 2 boisseaux 3 quarts de froment
1 boisseau 1 quart de seigle
42 sous 1 denier tournois et maille
2 gélines

Date : 27 février 1530

Témoins : Jammes, Jehan] Oliviers

XXXIX - f. 50

Fermiers :

- Leounard, Guilhem, Nandin] Bernardz, pour eux et comme représentants de :
- Pierre, Françoys, Jehan] Bernardz, frères de Nandin
- l'autre Jehan dit Granet, Pey, Pierre, Jehan, Guilhaume, Micheau, Giron, Mondon, Anthony, Jehan, Lyonnet, l'autre Anthony] Bernardz, leurs frères, neveux et cousins.

Fiefs :

1) une pièce de terre en labourage à Montcaret, lieu-dit *au Prevost alias à la Dodie*.
2) une pièce de terre à Montcaret, lieu-dit *au pré du maistre Pey Durand.*

3) une pièce de terre à Montcaret, lieu-dit *à la Mothe de Grana.*

Rente : 6 sous tournois

Date : 2 juin 1530
Témoins : Ambert Dager, barbier, habitant à La Mothe-Saint-Paixent.
Leounard Geymont, sergent royal, habitant à Montpeyroux.

Pièce jointe : appointement où les parties conviennent que, s'il était prouvé que *le pré de maistre Durand* relevait d'un autre seigneur, les autres terres resteraient chargées des 6 sous tournois.

XL - f. 51

Fermier : Pierre Neyrac dit Coquet

Fiefs : 1) 26 carreaux de journal de terre et vigne à Montravel, lieu-dit *au clan d'Ourgueilh.*
2) 6 carreaux de vigne, au même endroit.

Rente : 1 denier tournois
1/8 des fruits converti en 1/2 quart de froment

Date : 7 janvier 1531

Témoins : Helies Phelip
Ysard Saleneufve

XLI - f. 52

Fermier : Amanyeu Benoist

Fief : 1 quart de journal ou environ à Montcaret, lieu-dit *au clan d'Ourgueilh.*

Rente : 1/8 des fruits converti en 1/2 boisseau par journal.

Date : 18 janvier 1531

Témoins : Jehan de Lassaignes, maçon.
Micheau Perreau.

XLII - f. 53

Fermier : Elyson Bernard, représentée par Peyrot Blanc, son fils.

Fief : 1/4 de journal planté en vigne à Montravel, lieu-dit *à Font-Rigault.*

Rente : 6 deniers tournois

Date : 2 mars 1533

Témoins : Peyrot Bernier
Pierre Pasquault

XLIII - f. 55

Fermier : Leounard Moureau

Fief : 1/8 du village que tenait feu Clement Villate à Nasteringues, lieu-dit *à la Brousse*, sauf une petite pièce de vigne vendue à Heliot du Vergues.

Rente : 3 picotins de froment
3 picotins de seigle

Date : 26 mars 1530

Témoins : messire Jehan Fruchelaterre, prêtre.
Pierre Pasquault

XLIV - f. 56

Fermiers : Heliot Picou, pour lui et comme représentant de :
Jehan, Gory, Narde] Picou, ses frères et soeur.

Fief : 1 journal de terre en labourage à Nasteringues, village de *la Brousse*.

Rente : 12 deniers tournois

Date : 31 mars 1530

Témoins : Heliot du Vergier, habitant à Nasteringues. Jehan de la Vergne, habitant à Sainte-Heulaye.

XLV - f. 57

Fermier : Leounard Fraycineau dit le Lymosin

Fief : 1/4 de journal et 14 carreaux de vigne à Nasteringues, village de *la Brousse*.

Rente : 3 deniers tournois
1 picotin de blé, moitié froment, moitié seigle.

Date : 2 avril 1530

Témoins : Jehan] Pierre] Gobilhes, frères, habitants de Nasteringues.

XLVI - f. 59

Fermiers : Margot Frayce, pour elle et "comme mère et légitime administraresse" de
Jehan] Leounard] Mynards, ses enfants et ceux de feu Heliot Mynard, son mari.

Fiefs : 1) une pièce de terre plantée en vigne à Nasteringues, village de *la Brousse*, lieu-dit *à la Croix*.

2) une pièce de terre au village de *la Brousse*.
Soit, en tout, 1 journal 1 quart 1/2 et 10 carreaux de terre.

Rente : 1/2 quart de blé, moitié froment, moitié seigle.
12 deniers tournois

Date : 6 juin 1530

Témoins : messire Jehan Fruchelaterre, prêtre
Jehan Chaigneaux] habitants de Saint-Michel-de-Montaigne.

XLVII - f. 59

Fermier : maître Jehan Villate, notaire royal, fils de Marsau Villate le vieux, qui lui a donné procuration sur la moitié de ses biens.

Fief : 1) 1/2 du village de *la Brousse* (contenant environ 12 journaux) que Marsau Villate tenait de Pierre Eyquem, sauf une petite pièce de terre vendue à messire Leounard Masmontet.
2) un journal de terre et bois acheté à Jehan Villate, à Nasteringues, village de *la Brousse*.
3) une pièce de terre audit village.

Rentes : 1) 1 quart 1/2 de seigle
3 sous tournois

1/2 géline
2) 12 deniers tournois ("ou autre telle rante qu'elle peult pourter prorata dudict villaige")
3) 6 deniers tournois

Date : 11 juin 1530

Témoins : Pierre Eyquem le jeune, seigneur de Gaujat.
Nalias Rochete

XLVIII - f. ?

Fermier : Audete Villate, représentée par Peyrot Volland, son mari.

Fief : 1/8 du village de *la Brousse* à Nasteringues, que tenait feu Clemens Villate, père de ladite Audete.

Rente : 3 picotins de froment
3 picotins de seigle
11 deniers tournois
1/8 de 2 gélines

Date : 30 mars 1530

Témoin : messires [Regne Vollant / Pierre Laurens] prêtres.

XIL - f. 63

Fermiers : Jacques Fournier, pour lui et comme représentant de Jehan Fournier, son frère.

Fief : une pièce de vigne, achetée à Leounard et Jehannot Villates, père et fils, à Nasteringues, lieu-dit *aux vignes de la Brousse.*

Rente : 18 deniers tournois

Date : 26 novembre 1529

Témoins : Jehannot] Villates, habitants de
Pierre] Nasteringues.

L - f. 64

Fermiers : Jehannot Villate, pour lui et comme tuteur de Peyrot Villate, son neveu.
Jehan Villate

Fiefs :
- 3 pièces de terre à Nasteringues
- 1 pièce de vigne à Nasteringues

Rente : 3 quarts de froment
3 quarts de seigle
10 sous tournois
2 gélines

Date : 26 novembre 1529

Témoins : Jacques Fournier, habitant à Nasteringues.
Grimond de Chignac, habitant à Saint-Michel.

LI - f. 65

Fermier : Heliot Masmontet

Fiefs :
1) une petite vigne à Nasteringues, village de *la Brousse*.
2) 2/3 de journal en labourage à Nasteringues, village de *la Brousse*.
3) une petite vigne et une "aulbarède" à Nasteringues, village de *la Brousse*.

Rente : 2 picotins 1/2 de blé, moitié froment, moitié seigle.
8 deniers tournois et maille

Date : 1er février 1530

Témoins : Jehan Blanchard, habitant à La Mothe-Saint-Paixent.
Jehan Le Breton dit Ferron, habitant à Montcaret.

LII - f. 66

Fermier : messire Leounard Masmontet, prêtre.

Fief : 1/4 de journal en pré environ à Nasteringues, village de *la Brousse*.

Rente : 12 deniers tournois

Date : 8 février 1530

Témoins : Françoys Phelip dit le Gros.
Peyrot Chambon

LIII - f. 67

Fermier : Jehanne Charcheval, représentée par Heliot du Vergier, son mari.

Fiefs :
1) une petite vigne, achetée à Peironne Fraysse, à Nasteringues, village de *la Brousse*.
2) une petite pièce de pré, achetée à Donnete Villate, à Nasteringues, village de *la Brousse*.
3) une petite pièce de pré, achetée à Françoyse Villate, audit village.
4) une petite vigne, achetée à Marotine Villate, audit village.
5) une petite pièce de terre "sive canebal", achetée à Donnete Villate, audit village.
6) une petite vigne, achetée à Donette Villate, audit village.
7) une petite pièce de terre et bois, achetée à Bertrine Villate, audit village.

Rentes : 1) 3 deniers tournois

2) 1 picotin 1/2
3 deniers tournois
2 gélines
1 denier tournois et maille
3) 4 deniers tournois
4) 4 deniers tournois
5) la rente n'a pas été portée.
6) *Id.*
7) 3 deniers tournois
Soit, au total : 17 deniers tournois
1/24 de 2 gélines,
soit 1 denier et maille.

Date : 8 février 1530

Témoins : messire Leounard Masmontet, prêtre.
Peyrot Chambon

LIV - f. 68

Fermiers : Heliot du Vergier et Jehanne Villate, fille de feu Clemens Villate, pour eux et comme représentants de Audete Gerffec.

Fief :
- Jehanne Villate, 1/8 du village de *la Brousse* que tenait feu Clemens Villate.
- Heliot du Vergier, pour lui et pour Audete Gerffec, autre 1/8 dudit village (2/3 pour lui et 1/3 pour Audete Gerffec).

Rentes :
- Jehanne Villate :
3 picotins de froment
3 picotins de seigle

11 deniers tournois
1/8 de 2 gélines

• Heliot du Vergier :
2 picotins de froment
2 picotins de seigle
7 deniers tournois
2/3 de la huitième partie d'1 géline

• Audete Gerffec :
2 picotins, moitié froment moitié seigle
4 deniers tournois
autre 1/3 de la huitième partie de la géline

Date : 31 mars 1530

Témoins : Jehan de la Vergne, habitant à Sainte-Eulaye.
Mathurin Pidoux, habitant à Saint-Michel-de-Montaigne.

LV - f. 69

Fermiers : Leounard et Heliot Villates dit Canardou.

Fiefs :
1) ensemble, le village de *la Brousse*.
2) Leounard Villate, une petite pièce de terre achetée à Pierre Villate, audit village.
3) Heliot Villate, 1 quart et 8 carreaux de journal de terre, achetée à Leounard Coyn, audit village.
4) Le même, une petite pièce de vigne, achetée à Marotine Villate, audit village.

5) Le même, 1/4 de journal de terre en labourage, achetée à Marcelon Villate, audit village.

Rentes : 1) 3 quarts de froment
3 quarts de seigle
35 ardis tournois
1 chapon
2) 3 deniers tournois
3) 1 picotin de blé, moitié froment moitié seigle.
3 deniers tournois et maille
4) 6 deniers tournois
5) 6 deniers tournois

Date : 1er mars 1530

Témoins : messire Jehan Fruchelaterre, prêtre-vicaire de Saint-Michel-de-Montaigne.
Jehannot Villate, habitant à Nasteringues.

LVI - f. 70

Fermiers :
- Jehannot de la Coste, pour lui et comme représentant de Berthoyne Villate, sa femme.
- Guilhaume de la Coste, pour lui et comme représentant de Peyronne Villate, sa femme.

Fiefs : 1) 2/8 du village de *la Brousse* que tenait feu Clemens Villate, père de Berthoyne et Peyronne.
2) Jehannot de la Coste seul, 3/4 de journal, 6 carreaux 1/2, 1/4 de carreau, en 3 pièces de terre achetées à Estève du Breuilh, audit village.

Rentes : 1) 1 quart 1/2 de blé, moitié froment moitié seigle.
10 deniers tournois
1/4 de 2 gélines
soit,
- le blé et les gélines par moitié entre Peyronne et Berthoyne
- 6 deniers tournois payables par Peyronne
- 4 deniers tournois payables par Berthoyne

2) 2 picotins
1/3 de demi-picotin de blé, moitié froment moitié seigle
4 deniers tournois
1/24 de 2 gélines, soit 1 denier et maille.

Date : 6 mars 1530

Témoins : messire Jehan Fruchelaterre
Jehan Brun dit le Marcat.

LVII - f. 71

Fermiers : Jehan Poyade, représentant de :

- Jehan Poyade, son père
- Leounard Bernagault

Pierre Poyade

• Mariane Peyronne Pierre Coulhou	Rod, enfants de feue Françoyse Poyade, habitants de Ponchat.

Fiefs : 1) une pièce de terre en labourage à Nasteringues, lieu-dit *à las Correges.*
2) Jehan Poyade père seul, environ 1 journal de terre en labourage à Nasteringues, lieu-dit *à la Faurie.*

Rentes : 1) 1 quart de froment
12 deniers tournois
2) 1 picotin d'avoine
2 deniers tournois

Date : 17 mars 1530

Témoins : messire Pierre Amanyeu, prêtre, habitant à Saint-Méard-de-l'abbaye.
Rogier Chaslard, habitant à Nasteringues.

LVIII - f. 72

Fermiers : Rogier Chaslard, pour lui et comme représentant de :

Leounard Marsau	Chaslardz, ses neveux.

Fief :	environ 4 journaux de terre et vigne à Nasteringues, lieu-dit *à la Faurie*.
Rente :	10 picotins d'avoine 6 deniers tournois
Date :	17 mars 1530
Témoins :	messire Pierre Amanyeu, prêtre, habitant à Saint-Méard-de-l'abbaye. Jehan Poyade, habitant à Nasteringues.

LIX - f. 73

Fermier :	Jehan Villate dit Riffault.
Fief :	1/4 de 5 journaux ou environ de terre et vigne à Nasteringues, village de *la Brousse*.
Rente :	1/2 quart de seigle
Date :	2 avril 1530
Témoins :	Jehan] Gobilhes, frères, habitants de Nasteringues. Pierre

LX - f. 76

Fermier :	Marsault Villate le jeune, dit Marcellon.

Fief : 1) 1/4 d'une pièce de terre et vigne (soit 5 journaux) à Nasteringues, village de *la Brousse.*
2) 1/4 du village que tenait feu Peyroche Villate au lieu-dit *à la Brousse.*

Rente : 1 quart de froment
3 sous tournois

Date : 2 avril 1530

Témoins : Jehan] Pierre] Gobilhes, frères, habitants de Nasteringues.

LXI - f. 78

Fermier : Françoys Fraysse

Fiefs : 1) 4 journaux 1/2 et 8 carreaux de vigne, pré, terres, maison, jardin, "aisines" et "servitatz".
2) une pièce de terre
3) une maison et jardin
tous à Nasteringues, village de *la Brousse.*

Rente : 1 quart 1/2 et 1 picotin de blé, moitié froment moitié seigle.
3 sous 4 deniers tournois

Date : 2 avril 1530

Témoins :	Jehan Pierre	Gobilhes, frères, habitants de Nasteringues.

LXII - f. 79

Fermier : Jehan Villate, de l'autorité de Marseau Villate, son père, pour le quart de tous ses biens et héritages.

Fiefs :

1) 1/4 du village que tenait Marsau Villate au lieu-dit *à la Brousse*.
2) 1/4 d'une pièce de terre et pré audit village.
3) 1/4 d'une pièce de terre et vigne audit village.
4) une pièce de terre et vigne audit village.
5) une petite pièce de terre audit village.
6) 1/4 d'un journal 1 quart 1/2 et 7 carreaux de terre audit village, achetée par Marsau Villate, son père, et Anthony Villate, son frère, aux héritiers de feu Jehan Fraysse.
7) 1/4 d'une petite pièce de terre audit village ("contenant sept regues de travers de versane de long"), achetée par feu Anthony Villate, son frère, à Bucquent Blanc et Perrine Fraysse.

Rentes :	1) 2) 3) 4) 5)	3 deniers tournois 1 picotin de blé, moitié froment moitié seigle.
	6) 7)	1 picotin de blé, moitié froment moitié seigle 3 deniers tournois
Date :	2 avril 1530	
Témoins :	Jehan Pierre	Gobilhes, frères, habitants de Nasteringues.

LXIII - f. 80

Fermier : Pierre Villate dit Gobilh, fils de feu Pierre Villate, pour lui et comme représentant de :

Jehan Arnault	Villate, ses frères.

Fiefs :
1) 3 journaux 1 quart 6 carreaux de terre, en 2 pièces, à Nasteringues, village de *la Brousse*.
2) une maison, jardin, "aisines" et vignes audit village.
3) une petite pièce de pré audit village.

Rentes : 1) 1 quart et 1 picotin de blé, moitié froment moitié seigle.
9 deniers tournois
1 géline
2) 2 sous tournois
3) 3 deniers tournois

Date : 2 avril 1530

Témoins : Jehan] Gobilhes, frères, habitants de Nasteringues.
Pierre]

LXIV - f. 81

Fermier : Jehannot Villate, de l'autorité de Marsau Villate, son père, pour le quart de tous ses biens et immeubles, le père se réservant "la quarte partie de la mayson, et la quarte partie d'ung quart de journau de terre et treilhes joignant a icelle mayson".

Fiefs : 1) 12 journaux ou environ à Nasteringues, village de *la Brousse*.
2) 1/4 de journal] de terre,
1 quart 1/2] en 3 pièces,
7 carreaux] audit village.

Rentes : 1) 6 picotins de seigle
18 deniers tournois
1/4 d'une géline

2) 1 picotin de blé, moitié froment, moitié seigle.
3 deniers tournois

Date : 12 juin 1530

Témoins : Peyrou Villate, Heliot du Vergier] habitants de Nasteringues.

LXV - f. 85

Fermiers : Pierre Merlande, de l'autorité de Jehan Merlande, son père, pour lui et comme représentant de :

Pey, Mengeon] Merlandes, ses frères.

Fiefs : 1) une pièce de terre au Brueilh, lieu-dit *au Collinet*, près du bourg de Saint-Anthoine-du- Breuilh.
2) 1 journal de vigne au Brueilh, lieu-dit *à la Belaudie*.

Rente : 2 boisseaux d'avoine
10 sous 6 deniers tournois

Date : 9 mars 1530

Témoins : Estève Merlande, habitant à Saint-Anthoine-du-Brueilh.
Pierre Pasquault, habitant à Montaigne.

LXVI - f. 87

Fermiers : Jehan Ledrier dit le Berche, pour lui et comme représentant de :
Gadiffer, Leounard, Jehan, Mengeon — Ledrier, ses neveux.

Fiefs : 2 pièces de terre en chaume à Nasteringues, lieu-dit *à la Faurie.*

Rente : 6 picotins d'avoine
1 denier tournois

Date : 17 février 1530

Témoins : messire Pierre Amanyeu, prêtre.
Jehan Poyade, habitant à Nasteringues.

LXVII - f. 88

Fermier : Denys Ledrier

Fief : 1 journal de terre à Nasteringues, lieu-dit *à la Faurie.*

Rente : 2 picotins d'avoine

Date : 17 mars 1530

Témoins :	messire Pierre Amanyeu, prêtre de Saint-Méard-de-l'abbaye. Jehan Poyade, habitant à Nasteringues.

LXVIII - f. 89

Fermier :	Estève Daudigeoctz
Fief :	3/4 de journal de vigne au Brueilh, lieu-dit *à la Belaudie.*
Rente :	6 deniers tournois
Date :	25 mars 1530
Témoins :	Mathurin Chaigneau Pierre Pasquault

LXIX - f. 90

Fermier :	Jehan de Brueilh
Fief :	1/8 du village que tenait Clement Villate à Nasteringues, *à la Brousse.*
Rente :	3 picotins de froment 3 picotins de seigle 11 deniers tournois 1/8 de 2 gélines
Date :	25 mars 1530

Témoins : Estève Daudigeotz, habitant au Brueilh.
Pierre Pasquault

LXX - f. 91

Fermiers : Jean Aymiguet et Narde Coyn, mari et femme, habitants du bourg de Saint-Anthoyne-du- Brueilh.

Fiefs :
1) 1 journal et 1 quart ou environ de vigne, échangée avec Jehan Villate dit Riffault et Margot des Aymons sa femme, à Nasteringues, village de *la Brousse*.
2) Narde Coyn, une petite pièce de terre et jardin audit village.

Rentes :
1) 1/2 quart de seigle
2) 1 picotin de blé, moitié froment, moitié seigle
3 deniers tournois

Date : 31 mars 1530

Témoins : Heliot Picou, habitant à Vélines.
Jehan de la Vergne, habitant à Sainte-Heulaye.

LXXI - f. 92

Fermier : Nardon Coyn

Fief : 1 journal 1/2 quart et 6 carreaux de terre en labourage, en 2 pièces, à Nasteringues, village de *la Brousse*.

Rente : 3 picotins de blé, moitié froment, moitié seigle
9 deniers tournois et maille

Date : 6 mai 1530

Témoins : Jehannot, Heliot] Coyns, habitants du Brueilh.

LXXII - f. 93

Fermiers : Jehannot Coyn, pour lui et comme représentant de Leounard Coyn, son frère.

Fiefs : 2 pièces de terre en labourage contenant 3 quarts et la 1/2 d'1 quart de journal, à Nasteringues, village de *la Brousse*.

Rente : 2 picotins 1/3 de blé, moitié froment, moitié seigle
7 deniers tournois

Date : 6 mai 1530

Témoins : Nardon, Heliot] Coyns, habitants du Brueilh.

LXXIII - f. 94

Fermiers :	Jehan Coyn le vieux Heliot Coyn
Fiefs :	2 pièces de terre en labourage contenant 3 quarts 11 carreaux de journal à Nasteringues, village de *la Brousse*.
Rente :	8 deniers tournois et maille 2 picotins 1/3 de blé, moitié froment, moitié seigle.
Date :	6 mai 1530
Témoins :	Nardon, Jehannot] Coyns, habitants du Brueilh.

LXXIV - f. 95

Fermier :	Peyrot Coyn
Fiefs :	1 journal, 1 quart, 4 carreaux] de terre, en 3 pièces, à Nasteringues, village de *la Brousse*.
Rente :	3 picotins de blé, moitié froment, moitié seigle. 10 deniers tournois et maille
Date :	31 mai 1530

Témoins : messires [Micheau Brun ; Jehan Fruchelaterre] prêtres, habitants de Saint-Michel-de-Montaigne

LXXV - f. 96

Fermiers : Guilhaume, Jehan] Coyns, frères.

Fiefs :
1) Guilhaume, 2 pièces de terre à Nasteringues, village de *la Brousse*.
2) Jehan, 25 carreaux de terre audit village.

Rentes :
1) 1 picotin de blé, moitié froment, moitié seigle.
6 deniers tournois et maille
2) 1/2 picotin de blé, moitié froment, moitié seigle.
2 deniers tournois

Date : 12 juin 1530

Témoins : Pierre Eyquem le jeune, seigneur de Gaujat.
Peyrot Bernier

LXXVI - f. 100

Fermier : Estève Merlande, habitant au bourg de Saint-Anthoyne-du-Brueilh.

Fief : 1/4 d'une pièce de vigne (soit 1 journal) à Saint-Pierre-du-Brueilh, lieu-dit *à Belaudie*.

Rente : 8 deniers tournois

Date : 6 mars 1530

Témoins : Jehan Merlande, habitant à Saint-Anthoyne-du-Brueilh.
Pierre Pasquault, habitant à Montaigne.

LXXVII - f. 101

Fermier : Helies Rolland, habitant au bourg de Saint-Anthoyne-du-Brueilh.

Fief : un village contenant environ 50 journaux à Sainte-Heulaye.

Rente : 2 boisseaux 2 quarts de froment
3 boisseaux 1 quart de seigle
6 sous 6 deniers tournois
2 gélines

Date : 12 mars 1530

Témoins : messire Pierre Duron, prêtre] habitants de Sainte-Heulaye.
Jehan Faure] habitants de Sainte-Heulaye.

LXXVIII - f. 102

Fermier : Peyrot Duron, fils de Pierre Duron et de feue Catherine des Aymons, représenté par Nardon Duron, son oncle.

Fief : 1 journal ou environ de vigne à Saint-Pierre-du-Brueilh, lieu-dit *à Belaudie.*

Rente : 7 deniers tournois

Date : 12 mars 1530

Témoins : messires [Pierre Duron, Raymond Faure] prêtres, habitants de Sainte-Heulaye.

LXXIX - f. 103

Fermier : Denyse Villate, fille de feu Andrieu Villate, représentée par Jehan de la Vergne, son fils.

Fief : 1/4 d'une pièce de terre et vigne (contenant 5 journaux) à Nasteringues, village de *la Brousse.*

Rente : 1/2 quart de seigle

Date : 31 mars 1530

Témoins : Jehan Aymiguet dit Janton, habitant au bourg de Saint-Anthoyne-du-Brueilh.
Heliot Picou, habitant à Vélines.

LXXX - f. 106

Fermiers : Janmes Merlande, tuteur de :
- Estève Merlande, fils de feu Pericot Merlande.
- l'autre Estève
Jehans] Merlande, fils de Phelippes Merlande.

Fiefs : 1) une pièce de terre et "aulbarède" à Sainte-Heulaye, lieu-dit *au pas de la Vergne.*
2) Janmes et Estève l'aîné, 2 journaux de terre à Saint-Pierre-du-Brueilh, lieu-dit *à Colinet.*

Rente : 5 sous tournois

Date : 21 avril 1530

Témoins : Jehan le Brethon dit Ferron, habitant à Montcaret.
Pierre Marzellier, habitant à Saint-Clau.

LXXXI - f. 107

Fermier : Jehan Reynier dit Brun, habitant à Eymesse.

Fief : 3 journaux moins 5 carreaux de journal de terre labourable à Sainte-Heulaye, lieu-dit *à la Viole.*

Rente : 3 picotins de froment
9 deniers tournois

Date : 5 mars 1557

Témoins : Estienne de Baylhac, écuyer et baron de Saint-Cric.
messire Meric de la Porte

LXXXII - f. 107[v]

Fermier : Meric de la Porte, habitant au bourg de Saint-Anthoyne-du-Brueilh.

Fief : une pièce de terre labourable à Sainte-Eulaye, lieu-dit *à la Violle.*

Rente : 2 picotins 1/2 de froment
6 deniers tournois et maille

Date : 5 mars 1557

Témoins : Estienne de Baylhac, écuyer et baron de Saint-Cric
Jehan Reynier

LXXXIII - f. 110

Fermiers : Phelipe de la Coste, bourgeoise, habitant à Sainte-Foy, comme mère de :

maître Denys Jehannot l'autre Denys	Faureaulx, ses enfants et ceux de feu Masse Faureau.

Fief : une pièce de terre à Montravel, lieu-dit *à Garde*.

Rente : 15 deniers tournois

Date : 7 juin 1530

Témoins : Jehannot Delaige, maçon, habitant à Montravel.
Jehan Brun dit le Marcat, habitant à Montpeyroux.

LXXXIV - f. 113

Fermier : Gehbert du Terrailh, fils de feu Giron du Terrailh, habitant à Pessac.

Fief : 2 journaux de terre en labourage à La Mothe-Saint-Paixent, lieu-dit *le port de Flamjaques*.

Rente : 3 picotins 1/5 de froment
1 denier tournois

Date : 27 février 1530

Témoins : maître Jehan d'Amzerez, praticien, habitant à Gensac.
Ysaron de Saleneufve, habitant à Montravel.

LXXXV - f. 116

Fermiers : messire Estienne du Terrailh, pour lui et comme représentant de :
• Jehannot] du Terrailh, ses frères,
• Jehan]
habitants de Julhac.

Fief : 1/2 pièce de terre en labourage à La Mothe-Saint-Paixent, près *le port de Flanjagues*.

Rente : 1/2 boisseau de froment
2 deniers tournois

Date : 22 février 1530

Témoins : Guilhem] Bories, habitant à
Jehan] Montcaret.

LXXXVI - f. 117

Fermiers :
- Anthony du Terrailh dit de Mozin, habitant à Flanjagues.
- Heliot du Terrailh, au nom de Guilhonnet du Terrailh, son père.
- Janmet du Terrailh pour lui et comme représentant de :

Arnault
Estienne
Loys
Jehan — du Terrailh, ses frères
Gellibert
Arnaulton
tous les du Terrailh habitant à Julhac.

Fief : une pièce de terre à La Mothe-Saint-Paixent, sur *le port de Flanjagues.*

Rente : 4 parts d'1/2 boisseau de froment
1 denier tournois "qu'est un quart et demi"
4 parts d'1 picotin de froment

Date : 20 mars 1530

Témoins : Jehan Brun dit le Marcat
Pierre Pasquault

LXXXVII - f. 118

Fermiers : • Arnault du Pont, habitant à Julhac.

• Pierre du Pont, habitant à Flamjagues, au nom de :
George
Perrin — du Pont, ses frères

et comme procureur de :

Peyrot petit Pey	du Pont, ses cousins, habitants de Julhac.
Meric Fauchey Arnaulton	du Pont, ses cousins, habitants de Sainte-Reygonde.

Fief : une pièce de terre en labourage et granges à La Mothe-Saint-Paixent, *au Bourdila près la Poussecte*.

Rente : 1 boisseau de froment
5 sous tournois

Date : 23 janvier 1533

Témoins : Pierre Pasquault
Bernard de Villestivaulx

LXXXVIII - f. (119)

Fermier : maître Jehan Fournier, notaire royal, seigneur de la Brousse, habitant à La Mothe-Saint- Paixent.

Fiefs :
1) 1 journal de terre en labourage à Montcaret, lieu-dit *à la Canelle*.
2) 1/3 de journal de terre en labourage à Montravel, lieu-dit *à Celles*.

Rente : 2 sous tournois

Date : 5 février 1530

Témoins : Pierre Pasquault, habitant à Saint Michel de Montaigne.
Jehan Poyade, habitant à Nasteringues.

LXXXIX - f. 128

Fermiers : Bertrand Boyer, habitant à La Mothe Saint Paixent.
messire Vincent Boyer, son frère.

Fief : 5/4 de journal de terre à La Mothe-Saint-Paixent, lieu-dit *à Calauvines*, acheté à Jehan, Arnault et Peyrot Nignons, et [...] et Pierre Faure.

Rente : 1/8 des fruits, converti en 10 picotins de blé, moitié froment, moitié seigle.
1 denier tournois

Date : 20 novembre 1529

Témoins : messire Jehan Fruchelaterre
Peyrot Bernier

XC - f. 135

Fermier : maître Jehan Saler, notaire royal, habitant à Montaigne.

Fief : 10 pieds de long et 14 pieds de large d'une maison au bourg de La Mothe-Saint-Paixent.

Rente : 2 picotins de froment
6 deniers tournois
1/2 géline

Date : 29 mars 1558

Témoins : Pierre Pasquault
Pierre Belin

XCI - f. 153

Fermiers :
- Doumenge Alard et maître Françoys Rigalleau, notaire, son mari.
- Andrieu Rochier

tous habitants de Saint-Vivien.

Fiefs :
1) 1/2 par indivis d'une pièce de terre en pâturage à Saint-Michel, village de *la Charlie*.
2) 1/2 par indivis du 1/5 d'une autre pièce de terre en pâturage au même endroit.

Rente : 2 picotins 1/2 de froment
10 deniers tournois
1 denier pour leur quote-part des 2 gélines dont le village est chargé.

Date : 22 février 1550

Témoins :	maître Helies Rochier, notaire royal Jehan Rochier	frères.

XCII - f. 154

Fermier : maître Helies Rochier, notaire royal, habitant à Montravel.

Fief : 1/4 d'une pièce de vigne (contenant 2 journaux) à Saint-Michel, village de *la Charlie.*

Rente : 1/2 picotin de froment
2 deniers tournois

Date : 22 février 1550

Témoins : maître Françoys Rigalleau, notaire royal.
Jehan Chaigneau

XCIII - f. 154^{v}

Fermier : Gaston Alard, habitant au "mercadilh" de Montravel.

Fief : 1/4 d'une pièce de vigne à Saint-Michel-de-Montaigne, village de *la Charlie.*

Rente : 2 picotins de froment
2 deniers tournois

Date : 22 février 1550

Témoins : maître Françoys Rigalleau, notaire royal.
Jehan Chaigneau

*
* *

Deux vestizons (f. 33 et 104) ont nécessité le réglement préalable d'un litige entre Pierre Eyquem et ses fermiers

XCIV - f. 33

Pierre Eyquem, qui entendait exercer son droit de préemption sur un jardin et tour dans ce jardin acheté par messire Leounard de Noix, prêtre, à Montravel, mais prétendait en donner 10 francs bordelais alors que Leounard de Noix en réclamait 15 francs bordelais, somme qu'il prétendait avoir payée, accepte de laisser ledit jardin en fief à Leounard de Noix moyennant "la rante annuelle et perpétuelle que ledict jardrin et tour dessus confronte peult pourter prorata à l'equipollant de la mayson que ... Nycot Bellet tient dudict seigneur"[26]. Pierre Eyquem se réserve la possibilité d'exercer ultérieurement son droit de préemption moyennant 12

26 Voir notice XV.

francs bordelais et le remboursement des améliorations apportées par Leounard de Noix.

Passé le 28 janvier 1531 en présence de maître Guyon Virolle, bachelier en droit, et Merigot Chaigneau.

XCV - f. 104

Règlement du litige qui opposait Pierre Eyquem aux familles

- Ferrieres : • Heliot dit Galiot, pour lui et comme représentant de
  - • Jehannot / Jammet] Ferrieres, ses frères.

  comme tuteur de
  - • Heliot Ferrieres, fils de feu Gadisse Ferrieres.

- Farniers : • Heliot dit le Nègre, pour lui et comme procureur de
  - • maître Anthoine / Raymonnet / Mondon / messire Helies] Farniers, ses frères.

tous habitants de Sainte-Heulaye.

Les fermiers prétendaient ne payer que 12 deniers tournois de rente pour 20 journaux de terre à Sainte-Heulaye, lieu-dit *à la Viole*, et Pierre Eyquem réclamait 10 sous tournois. Les parties se mettent d'accord pour 5 sous tournois.

Passé le 8 avril 1530 en présence de Clemens Mentet, habitant à Montpeyroux, et Raymonnet de Lassaignes, maçon, fils de Jehan de Lassaignes, habitant à Montcaret.

*

* *

XCVI - f. 133

Croissement de rente et reconnaissance pour Bertrand Courcelle et Denyse Veyrine, sa femme, habitants de La Mothe-Saint-Paixent.

En échange d'une avance de 55 sous tournois en 2 boisseaux de froment et en espèces que leur consent Pierre Eyquem, ils acceptent de voir leur rente annuelle sur une maison, jardin et "aisines", au bourg de La Mothe, majorée d'un demi-quart de froment et d'une géline.

Passé le 20 décembre 1547 en présence de Hillaret Phelip dit Nicot, couturier, et Pierrot Bernier dit Raye.

XCVII - f. 35^{v}

Gailhon Alard, habitant au "mercadilh" de Montravel, vend à Jehanne Eyquem, veuve de maître Nicolas Dugrain, habitant à Montaigne, représentée par Pierre Pasquault et Pierre Perreau, une rente foncière d'un denier tournois sur une pièce de vigne à Montravel, et une autre rente foncière se montant à 2 sous tournois et une géline sur une maison au mercadilh de Montravel, moyennant 62 sous tournois.

Passé le 12 mai 1557 en présence de maître Pierre Dumas, notaire royal, et Philippon Moncochoir.

INDEX DES NOMS DE PERSONNES

Les chiffres romains renvoient aux numéros des notices. Les noms en italique font l'objet d'un renvoi dans l'index. Les liens de famille, souvent complexes, ont nécessité une simplification : ainsi pour la famille VILLATE, seule la filiation a été retenue. Quand il n'a pas été possible d'établir de façon certaine l'identité ou la parenté de deux personnes malgré leur homonymie, il a semblé préférable de les mentionner séparément.

A

B

D

F

R

T

V

INDEX DES NOMS DE LIEUX

L'index regroupe des lieux-dits et villages (en bas de casse et situés dans leurs paroisses), et des noms de paroisses (en capitales). Il s'agit le plus souvent de paroisses de la juridiction de Montravel, sénéchaussée de Périgord : cette précision n'est donc pas répétée à chaque fois ; seules les paroisses situées dans la sénéchaussée de Bazadais (Gensac et Juillac) sont suivies de leur situation administrative. Les paroisses sont suivies, en revanche, de leur situation administrative actuelle : pour les mêmes raisons que ci-dessus, l'appartenance au département de la Dordogne n'est pas rappelé ; seule la situation dans celui de la Gironde, moins fréquente, est précisée. Les communes sont classées à leur forme orthographique moderne ; on donne entre parenthèses les formes du XVIe siècle.

Les noms en italique font l'objet d'un renvoi dans l'index. Comme pour l'index des noms de personnes, les chiffres romains renvoient aux numéros des notices.

Abréviations utilisées :

ar. : arrondissement
b. : bourg
c. : commune
cant. : canton
ch.-l. : chef-lieu
dép. : département
jur. : juridiction
l.-d. : lieu-dit
par. : paroisse
sén. : sénéchaussée
v. : village

B

C

G

J

L

M

S

V

GLOSSAIRE*

aisines : dépendances.

ardit ou *hardit (pl. (h)ardis)* : petite monnaie, liard, datant de l'époque de Philippe III le Hardi dont elle porte en conséquence le surnom.

aulbarède : saussaie, lieu planté de saules blancs.

boisseau : mesure de capacité (environ un décalitre).

canebal : terrain à chanvre.

carreau : mesure représentant un morceau carré.

chapon : jeune coq châtré que l'on engraisse pour la table.

denier : monnaie valant la deux-cent-quarantième partie de la livre*.

---

* L'astérisque indique qu'un mot employé dans une définition figure lui-même dans le glossaire.

géline : poule.

journal : mesure de terre qu'une charrue pouvait labourer en un jour, variable d'une région à l'autre.

livre : monnaie de compte, représentant à l'origine un poids d'une livre d'argent. La livre valait environ 110F actuels à l'époque où fut établi le "Terrier de Montaigne".

maille : petite monnaie de cuivre valant un demi-denier*.

marcadil(h) ou *mercadil(h)* : place du marché.

obole : petite monnaie de cuivre valant la moitié d'un denier* tournois*.

picotin : ration d'avoine (quart du boisseau*).

protonotaire : officier de la Cour de Rome qui a un degré de prééminence sur les autres notaires. En France simple qualité sans fonction, obtenu par un rescrit du pape " à fort bon compte" (*Dictionnaire* de Furetière).

regues : raie ou sillon dans le Midi de la France.

servitatz : bâtiments de service.

tournois : se dit de la monnaie frappée à Tours, devenue la monnaie royale.

versane : mesure de terre.

CARTE DU TERRIER DE MONTAIGNE

La carte dessine, entre Bordeaux et Bergerac, l'aire géographique du Terrier de Montaigne. Les hommages rendus à la famille Eyquem sont situés dans quarante lieux-dits ou villages (v.) répartis entre cinq actuelles communes (encadrées sur la carte). Il s'agit, dans l'ordre décroissant d'importance, de :

NASTRINGUES (32 mentions[1])

1. à la Brousse,v. (25 mentions)
2. à las Correges (1 mention)
3. à la Croix,v. de la Brousse (1 mention)
4. à la Faurie (4 mentions)
5. aux vignes de la Brousse (1 mention)

---

1 Le nombre de mentions ne recouvre ni celui des actes ni celui des hommages, dans la mesure où un même acte peut mentionner plusieurs hommages sur un ou plusieurs lieux. Il permet cependant de "visualiser" la distribution du domaine.

LAMOTHE-MONTRAVEL (27 mentions)

6. au Bourdila près la Poussecte (1 mention)
7. à Calauvines (1 mention)
8. à Celles près de las Planques (3 mentions)
9. au clan d'Ourgueilh (11 mentions)
10. à Fonrigaud (1 mention)
11. à la Garde ou à Garde (2 mentions)
12. au Maynot (1 mention)
13. à Peypie ou Pepie (3 mentions)
14. à la Planques (1 mention)
15. le port de Flaujagues (3 mentions)

MONTCARET (21 mentions)

16. Beauvillain,v. (1 mention)
17. à la Canelle (2 mentions)
18. Chosine alias Leyle,v. (1 mention)
19. à la Dodie (2 mentions)
20. à Font-Saint-Pey (1 mention)
21. à Fourigault (1 mention)
22. à la Garde (1 mention)
23. à Manbonoguet (1 mention
24. à la Mothe de Grana (1 mention)
25. à la Planques (1 mention)
26. à la Pradasque (1 mention)
27. au pré de Lyvagnat (1 mention)
28. au pré du maistre Durand (1 mention)
29. le pré de las Planques (1 mention)

30. au Prévost alias à la Dodie (1 mention)
31. à la Vagat (1 mention)
32. à la Vagnat (1 mention)
33. au Vivier (2 mentions)

SAINT-ANTOINE-DE-BREUILH (9 mentions)

34. à la Belaudie (2 mentions)
35. au Collinet (1 mention)
36. au pas de la Vergne, v. de Saint-Aulaye (1 mention)
37. Saint-Aulaye, v. (1 mention)
38. Saint-Pierre-du Breuilh, lieu-dit à Belaudie (1 mention) (?)
39. à la Viol(l)e, v. de Saint-Aulaye (3 mentions)

SAINT-MICHEL-DE-MONTAIGNE (3 mentions)

40. à la Charlie,v. (3 mentions)

Figurent également sur la carte (soulignées) les communes, ou paroisses aujourd'hui rattachées à d'autres communes (Saint-Aulaye, Saint-Avit-de-Fumadières), résidences des fermiers et autres intervenants aux actes, rencontrées dans le Terrier. Il convient d'ailleurs, pour être complet, de préciser que les cinq communes précédemment mentionnées pour les hommages rendus aux Eyquem peuvent être également des lieux de résidence.

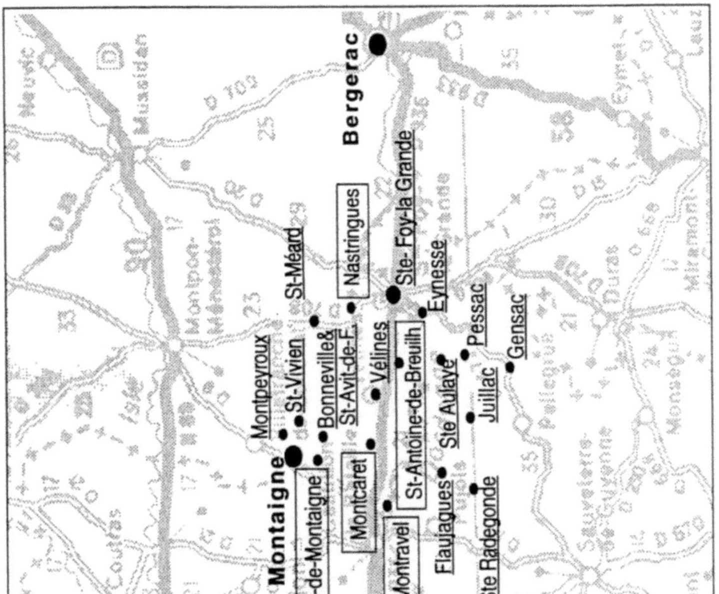
Bordeaux
Libourne
Montaigne
Bergerac
St-Michel-de-Montaigne
Montpeyroux
St-Vivien
St-Méard
Bonneville&
St-Avit-de-F.
Nastringues
Montcaret
Vélines
Lamothe-Montravel
St-Antoine-de-Breuilh
Ste- Foy-la Grande
Eynesse
Flaujagues
Ste Aulaye
Pessac
Juillac
Gensac
Ste Radegonde

Extrait du

Terrier de Montaigne

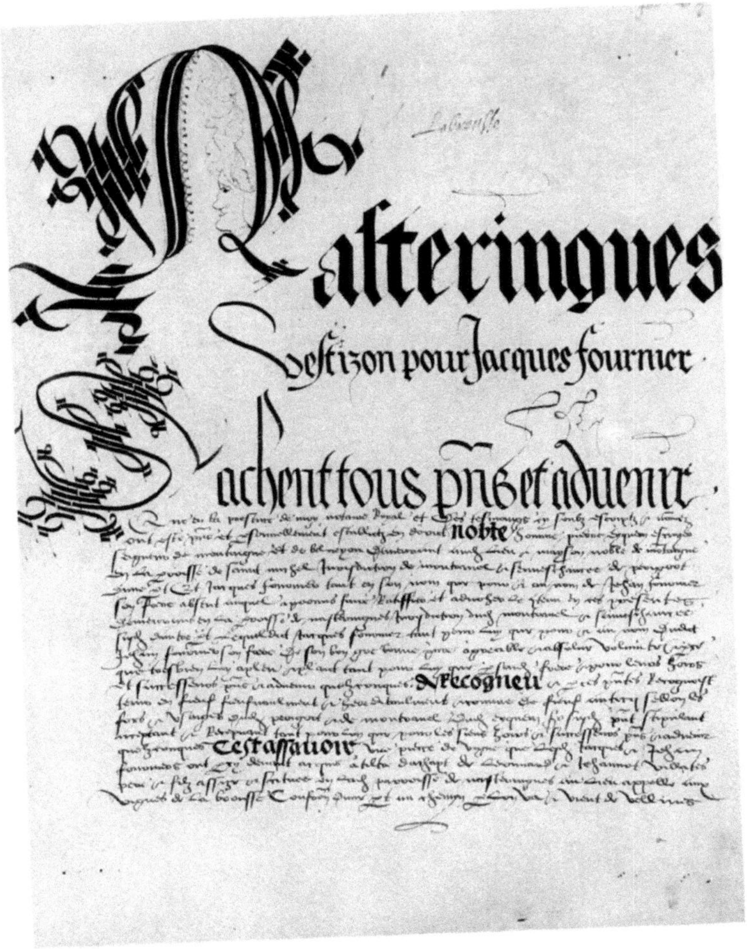
Vestizon pour Jacques Fournier
Sachent tous pñs et advenir
noble
A recogneu
Cest assavoir

La brousse

fol. 74

Investizon pour perron et
Jehanycot villates :.

Sachent tous presens et advenir

noble

a recogneu

cest assavoir

a la rente

Item

Item

Item

a la rente

Item

A la Rente

A la Rente

Pour

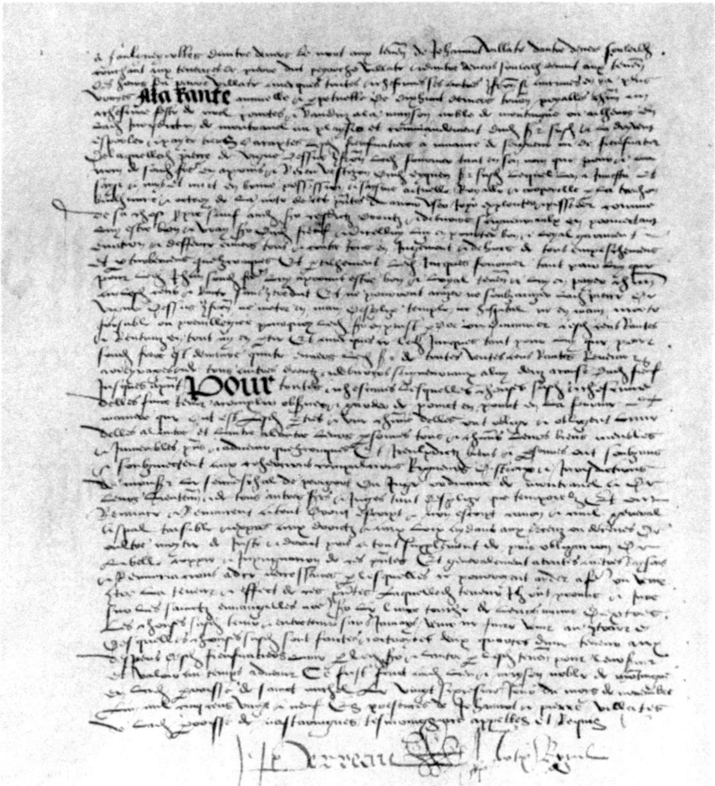

TABLE DES MATIERES